www.ingramcontent.com/pod-product-compliance
Lightning Source LLC
LaVergne TN
LVHW010823051026
849532LV00007B/2605
* 9 7 8 9 6 9 0 0 2 9 2 4 9 *

سوال

خود کو سمجھ کر قیدی
ہم زمانے کو زنداں کہتے ہیں

نورالدین ظہیر

فیروز سنز (پرائیویٹ) لمیٹڈ
لاہور۔ راولپنڈی۔ کراچی

غیر مجلد : 978 969 0 029249

بارِ اوّل ___________ ۲۰۲۴ء

فیروز سنز (پرائیویٹ) لمیٹڈ

ہیڈ آفس و شوروم: 81۔ ڈی/1، مین بلیوارڈ گلبرگ III، لاہور۔ پاکستان

راولپنڈی آفس :277۔ پشاور روڈ، راولپنڈی۔

کراچی آفس : فرسٹ فلور، مہران ہائٹس، مین کلفٹن روڈ، کراچی۔

سوال	Sawal
نور الدین ظہیر	Noor Oodinzaheer
اسکیچ: عاصم علی	Sketched by: Asim Ali

مطبوعہ فیروز سنز (پرائیویٹ) لمیٹڈ لاہور۔ باہتمام ظہیر سلام پرنٹر و پبلشر

email: support@ferozsons.com.pk
www.ferozsons.com.pk

بسم الله الرحمن الرحيم

انتساب

میں لفظوں میں اپنے والد محترم کی تعریف اور اُن کے کردار کو بیان نہیں کر سکتا اِس لئے مختصراً میں اپنی دوسری کتاب اُن کے نام کرتا ہوں، اللہ تعالیٰ سے دعا گو ہوں کہ میرے والد محترم کو عمر دراز اور انہیں صحت و تندرستی سے نوازے۔ آمین!

فہرست

عنوانات **صفحہ نمبر**

تاثرات

نورالدین ظہیر نے مجھے اپنے پہلے شعری مجموعے ''مسافر'' سے ہی اپنی طرف متوجہ کیا وہ اپنی ذات کو مرکز بنا کر سوالات اُٹھاتا ہے۔یہ سلسلہ ''مسافر'' سے ہی مرے سامنے تھا اب تو اس نے اپنے دوسرے مجموعے کا نام ''سوال'' رکھا ہے جس میں اس نے شاعری کے ذریعے آفاقی سوال اٹھائے ہیں ۔ جسے وہ خود گھرے خیالات کا نام دیتا ہے یہ سترہ سالہ نورالدین ظہیر اگرچہ جسمانی معذوری کا شکار ہے لیکن اس نے کبھی اسے اپنے سر پر سوار نہیں کیا۔ دُعا ہے کہ اللہ کریم اسے صحت اور شاعری کے روشن مستقبل سے نوازے۔

عباس تابش

ڈائریکٹر مجلسِ ترقی ادب

میں زیادہ تر اپنی تحریر میں اپنا ذکر کرتا ہوں پر آج یہ کاغذ،قلم اور سیاہی سے اپنا نہیں بلکہ اُس شخصیت کا نام لکھنا چاہتا ہوں جن کی وجہ سے میں خود کو کچھ قابل سمجھتا ہوں۔

میرا حوصلہ ،میرا خود پہ یقین اور مجھے دُنیا کے سامنے بڑھ کر محسوس کروانے والے میرے والدِ محترم ہیں۔ میں بہت خوش قسمتی یہ لکھ رہا ہوں کہ میری پہلی کتاب کی طرح دوسری کتاب میں بھی اُن کے چند الفاظ ہیں۔ اُن کے لکھے الفاظ میرے لئے کسی اعزاز سے کم نہیں۔ بہت شکریہ عزیزِ محترم ظہیر عباس صاحب

آپ کی دعاؤں کا طالب

نورالدین ظہیر

چند الفاظ والدِ محترم کی طرف سے

السلام علیکم!

میں یہ چند الفاظ اپنے ننھے فرشتے کے نام کرنا چاہتا ہوں۔ قدرت ہر انسان کو ایک مکمل انسان بنا کر اس دُنیا میں بھیج دیتی ہے۔ حادثات زندگی کا حصہ ہیں، ہر انسان کو چاہیے کہ وہ ان حادثات سے ڈرنے یا گھبرانے کی بجائے ان کا جی جان سے مقابلہ کرے اور اپنا کام بڑی ایمانداری اور توجہی سے سرانجام دیتا رہے اور پھر آپ خود ہی دیکھ لیں گے کہ آپ کو اللہ تعالیٰ کی ذات اس مقام تک احسن طریقے سے پہنچا دے گی اور آپ اگر ہمت سے کام لیتے ہوئے کوئی بھی کام کرنا چاہیں گے۔ وہ ضرور پورا ہوگا انشاء اللہ...... میرا یہ پیغام میں اپنے پیارے بیٹے کے نام کرتا ہوں ۔ جس نے ہمت نہیں ہاری اور میں ہی نہیں بلکہ پوری دُنیا اس پر فخر کرتی ہے۔ نورالدین ظہیر کی یہ دوسری کتاب ہے آپ اسے پڑھیے گا اور اسپیشل شخص کے لئے دُعا کیجیے گا۔

ظہیر عباس

مصنف، والد نورالدین ظہیر

زندہ نوجوان

جرمن فلسفی فریڈرک نطشے کہتا ہے کہ نوجوان نسل کو تباہ کرنے کا ایک یقینی راستہ یہ ہے کہ انہیں یکساں سوچ رکھنے والوں کی عزت وتکریم اور مختلف سوچ رکھنے والوں کی حقارت و تذلیل سکھائی جائے۔

ہمارے معاشرے میں بہت کم لوگ زندہ ہیں اور ان میں سے قلیل تعداد نوجوانوں کی ہے کیونکہ زندہ وہ ہے جو سوچتا ہے اور جو سوال اُٹھاتا ہے وہ نوجوان ہے۔ یہی لوگ ہمارا اثاثہ ہیں نور بھی سوچتا ہے نور بھی سوال اٹھاتا ہے اور سب سے خوب صورت بات یہ ہے کہ اسے ادراک ہے کہ سوال، جواب سے زیادہ اہم ہوتا ہے کیونکہ جواب غلط ہو سکتا ہے سوال نہیں۔ منافقت کے اس دور میں جواب تلاش کرنا جوئے شیر لانے سے کم نہیں۔ نور کے اندر سوالوں کا ایک جنگل ہے مگر بدقسمتی سے وہ ایک ایسے دور میں پیدا ہوا ہے جہاں سوال کی موت ہوگئی۔

اصل سوال یہ ہے کہ سوال کی موت کیسے ہوئی؟ میں بڑے دُکھ اور کرب سے نور سے صرف اتنا ہی کہوں گا۔

’’کچھ سوال ایسے ہوتے ہیں جو پیدا ہی سوال ہوتے ہیں، سوال کی صورت میں ہی زندہ رہتے ہیں اور انہیں سوال ہی کی حیثیت سے مر جانا ہوتا ہے۔‘‘

دُعا گو

مصنف، ادیب: طارق بلوچ صحرائی

نورالدین ظہیر کی کتاب سوال ایک مشکل کتاب ہے کیونکہ یہ ایسے سوال لئے ہوئے ہے جن کے جواب ایک معاشرے کے طور پر دینے کے لئے بڑی سوچ و بچار کی ضرورت ہے۔
میں نے نورالدین کی کتاب کو ایک مصنف کی نظر سے نہیں پڑھا بلکہ میں نے اسے نورالدین کی ایک دوست کے طور پر پڑھا ہے۔ اُسی لگن، شوق اور دل جمعی سے جس سے نورالدین نے اسے لکھا ہے۔ ایک مصنف کی نظر سے اس کتاب کا تنقیدی جائزہ لیتی تو بہت سارے ادبی معیاروں اور مباحثوں کے درمیان سوال کی اہمیت کو کھو دیتی۔ میں آپ سب سے بھی یہی امید رکھتی ہوں کہ آپ اسے ایک ٹین ایجر کی نظر سے پڑھیں جس کی دُنیا محدود ہے مگر جس کے تصور کی دنیا لامحدود ہے اور اس لامحدودیت نے اسے عام انسانوں سے برتر کر دیا ہے کیونکہ میں اور آپ اُس تصوراتی دنیا کو چھو بھی نہیں سکتے جہاں نورالدین ظہیر رہتے ہوئے ہماری دنیا کو دیکھتا ہے اور سوال پوچھتا ہے۔
اس کتاب کو پڑھتے ہوئے نورالدین کے ساتھ ساتھ اُن کے والدِ محترم کا ذکر نہ کرنا ناممکن ہے، کیونکہ نورالدین کے ہر سوال میں ظہیر صاحب بھی جھلکتے ہیں۔ نورالدین اور ظہیر دو ہنسوں کا ایسا جوڑا ہے جس میں چھوٹا ہنس بڑے ہنس کی انگلی پکڑے ہوئے ہے۔
لیکن وہی بڑے ہنس کو رستہ دکھا رہا ہے یا یہ کہنا زیادہ بہتر ہے کہ وہ بڑے ہنس کو اپنی مُٹھی میں لئے پھر رہا ہے۔ میری اللہ سے دُعا ہے کہ دو ہنسوں کی یہ جوڑی سلامت رہے اور اسی طرح ہم سے سوال کرتی رہے اور میری یہ بھی دُعا ہے کہ ان سوالوں کے جواب دینا ہم سب کے لئے آسان ہو جائے۔

مصنفہ: عمیرہ احمد

زندگی ایک آزمائش ہے کسی بھی انسان کے لئے ہمیں صبر، حوصلے اور ہمت کے ساتھ سامنا کرنا چاہیے۔

خدا نے آج تک اس قوم کی حالت نہیں بدلی
نہ ہو جس کو خیال آپ اپنی حالت کے بدلنے کا

نورالدین آپ کو اللہ نے بصیرت دی ہے۔جو عام لوگوں کو میسر نہیں ہوتی۔ اللہ آپ کو اور زیادہ قلم کی طاقت عطا فرمائے اور آپ مخلوقِ خدا کے لئے بیان کرتے رہیں۔

عرفان اقبال شیخ
چیئرمین الفتح
صدر فیڈریشن آف پاکستان
چیمبر آف کامرس اینڈ انڈسٹری

سوالات

سوال کیا ہے؟

کیا سوال یہ ہے کہ ہمارے ہمراہ لوگ غلط ہیں؟

یا پھر ہم جو بجائے اپنی غلطی پہ نادم ہوں دوسروں پر الزام ٹھہراتے ہیں؟

سوال یہ ہے کیا معاشرہ غلط ہے یا سزا دینے والے جلاّد؟

آخر سوال کیا ہے؟

پہلا سوال

اگر میں نے اپنے رب تعالیٰ سے کبھی کوئی اعتراض کیا ہے تو وہ میری معذوری کا نہیں بلکہ اس بات کا ہے کہ کتنا ہی اچھا ہو اگر لوگ معذور یا تندرست میں فرق کرنا چھوڑ دیں۔ مجھے آج بھی یاد ہے جب میں نے کچھ کرنے کی ٹھانی تو میرا واحد مقصد لاشعوری کو ختم کرنا تھا۔ میں نے اپنی مصنفی کیریئر کا آغاز اپنے خیالات کو تحریر کرنے کی شکل میں شروع کیا اور اسی بنیاد پر میرے اس معاشرے سے کچھ سوال ہیں۔ اپنے پہلے سوال کی ابتدا میں ایک اہم شعر سے کرتا ہوں۔

تھے تو آبا وہ تمہارے ہی، مگر تم کیا ہو
ہاتھ پہ ہاتھ دھرے منتظرِ فردا ہو !

علامہ محمد اقبالؒ کا یہ شعر مجھے سوچنے پر مجبور کرتا ہے کہ آخر ہم یہ روز مرہ کا اجتناب چھوڑ کر اپنے حال میں کب واپس آئیں گے؟

ایک بہت مشہور قول ہے مستقل مزاجی کامیابی کی کُنجی ہے، اقبال کے شعر اور اس قول کو مدِنظر رکھتے ہوئے کیا آپ کو یہ نہیں لگتا کہ ہم اپنا وقت بلا وجہ ضائع کر رہے ہیں۔ کیا یہ شیطان کی ایک چال نہیں ؟ چلیں کیوں ناں ہم اس بات کو تھوڑا آسانی سے سمجھیں۔ مثال کے طور پر ہم کوئی بھی گیم کھیل رہے ہیں، لیول 1 تو آپ کو بہت آسان لگے گا لیکن جیسے جیسے آپ آگے بڑھتے جائیں گے۔ وہ گیم آپ کو مشکل لگنے لگے گی، پھر ایک وقت ایسا بھی آئے گا جب آپ مشکل لیول مکمل کریں گے تو آپ کو ایسا لگے گا جیسے آپ کسی امتحان سے گزر رہے ہیں اور آپ نے اسے صبر اور محنت کے ساتھ مکمل کیا ہے، بالکل زندگی بھی اسی طرح کے امتحانوں کا نام ہے۔ جس میں کامیاب ہونے کے لئے صبر، شکر اور محنت کی بے حد ضرورت ہے اور ناخوش قسمتی یہ ہے کہ ہم مستقل مزاج نہیں رہتے اور پھر الزام نصیب پر دے دیتے ہیں اور یقیناً مایوسی کا شکار ہو جاتے ہیں۔

دوسرا سوال

سوال یہ ہے کہ ہم جیسے لوگ دُنیاوی آسائشوں کی طرف متوجہ کیوں ہو رہے ہیں ؟ اگر ہم سوچتے ہیں تو زیادہ سوچنے کے باعث بعض اوقات کچھ لوگ اپنی جان سے ہاتھ دھو بیٹھتے ہیں اُن کا مقصد ہرگز خودکشی کرنا نہیں بلکہ اس ڈیپریشن سے جان چھڑوانا ہوتا ہے اور جلد بازی میں موت کے ساتھ ساتھ ایک گناہ کو بھی گلے لگا لیتے ہیں اور تب تک بہت دیر ہو چکی ہوتی ہے۔ بہت سے حل میں سے ایک یہ حل ہے کہ غصے کا سہارا یا زیادہ سوچنے کی بجائے سکون اور صبر سے سوچا جائے تو یقیناً بہترین حل ذہن میں آنے لگتے ہیں۔ اللہ تعالیٰ فرماتے ہیں کہ انتقام مت لو بلکہ صبر کرو بیشک اللہ صبر کرنے والوں کے ساتھ ہے۔

اِنَّ اللّٰهَ مَعَ الصّٰبِرِيْنَ

اور یقیناً مایوس ہونا رب سے ناراض ہونے جیسا ہے۔

تیسرا سوال

اِس دُنیا میں ہر چیز کا کوئی نہ کوئی مقصد ہے اس بات پر ہم یقین تو رکھتے ہیں مگر سوال یہ ہے کہ ہم اس مقصد کا تعاقب کیوں نہیں کرتے؟ جہاں تک میں سوچتا ہوں میرا یہ خیال ہے کہ یا تو ہم کسی کے لئے بھیجے جاتے ہیں یا تو پھر کوئی ہمارے لئے تخلیق ہوتا ہے۔ صبر، شکر، احتیاط اور یہ سب چیزیں ہمدردی کا باعث بنتی ہیں، ایک مشہور مثال ہے جس کے پوری دُنیا میں تقریباً ہر زبان میں ترجمے ہوئے ہیں اور مختلف موقعوں پر اسے استعمال کیا جاتا ہے مثال یہ ہے کہ ''جیسا کرو گے ویسا بھرو گے۔''

چوتھا سوال

میں اکثر ایک سوال سنتا اور پڑھتا ہوں اور مجھے اس سوال سے یہ ظاہر ہوتا ہے کہ لوگ جانتے ہیں کہ وہ کس طرح کا بننا چاہتے ہیں اور ایک یا بعض اوقات کچھ بُری عادتوں کی وجہ سے ناکام ہوتے ہیں اور ان کا سوال یہ ہوتا ہے کہ ہم ان بُری عادتوں سے کیسے جان چھڑائیں؟ وہ جس شخصیت کو مثالی کہتے ہیں وہ یہ نہیں جانتے کہ آخر وہ شخص کتنی مشکلات اور محنت سے اُس مقام پر پہنچا ہے۔ بلکہ بُری عادتوں کو ختم کرنے کے لئے آپ کو کسی اور طرف متوجہ ہونا ہو گا۔ کوشش کر کے اس بُری عادت کو اپنی زندگی سے باہر نکالنا ہو گا۔ مستنصر حسین تارڑ صاحب کہتے ہیں عادتیں اچار نہیں ہوتیں جو ڈال لی جائیں، بلکہ یہ دیمک ہوتی ہیں یہ لگ جایا کرتی ہیں۔ ان الفاظوں کو مدِنظر رکھتے ہوئے اپنے کل کے انتظار کو آج کی ابتدا میں بدلیں۔

پانچواں سوال

میں نے آج سے کئی سال پہلے پڑھا تھا کہ لوگوں کا ذہن صرف دو چیزوں پر اٹک گیا ہے ڈاکٹر یا انجینئرز میں نے یہ بھی پڑھا ہے کہ

وَاللّٰهُ خَيْرُ الرَّازِقِيْنَ

جب رزق کا ذمہ رب نے لے لیا ہے تو پھر لوگ یہ کیوں سوچتے ہیں کہ ڈاکٹر ہونا کامیابی ہے؟ بلکہ تمام ڈاکٹروں اور ان کی محنت کو تسلیم کرتے ہوئے یہ کہوں گا درحقیقت دُنیا میں ہر کام کا ایک فن اور ایک مزدوری ہے۔ ڈاکٹرز ہوں یا انجینئر دونوں کی محنت کسی اَن پڑھ سے کم نہیں۔ ڈاکٹرز جتنی محنت ہماری صحت کے لئے کرتے ہیں بے شک وہ ہمیں اللہ کی عطاء کردہ شفاء کا ذریعہ بنتے ہیں اور جہاں بات ہے انجینئرز کی وہ بھی محنت کم نہیں کرتے اگرچہ انہیں ذہنی سکون کم ملتا ہے کیونکہ وہ ہمارے لئے شاہکار تخلیق کرتے ہیں۔ اسی بات کو بڑھاتے ہوئے بس اتنا ہی کہوں گا کہ آپ جذبے کو پیشے میں بدلیں۔

چھٹا سوال

مجھ میں کم عمری سے ہی شاعری اور ادب کا شوق پیدا ہوا۔ میں نے مثالوں اور کہاوتوں میں دلچسپی لینی چاہی اور یقیناً لی بھی ایک مثال ہے کہ اللہ تعالیٰ حقیقت سے نہیں ٹکراتے۔ مانا کہ معجزے ہوتے تھے اور آج بھی ہوتے ہیں لیکن دُکھ اس بات کا ہے کہ اب مسلمانوں میں ایمان کی کمزوری نظر آتی ہے۔ میں جب اردو ادب کی طرف متوجہ ہوا تو علامہ اقبالؒ کا تحریر کردہ شکوہ جوابِ شکوہ پڑھا اور اس تحریر نے مجھے سوچنے پر بے حد مجبور کیا، اس شعر کو جب میں پڑھتا ہوں تو یقیناً کچھ نیا اور افسوس ناک ملتا ہے لیکن یہ شعر میرے جذبے کو ایک دفعہ پھر بلند کر دیتا ہے شعر:

تم حوروں کا کوئی چاہنے والا ہی نہیں
جلوہ طُور تو موجود ہے، موسیٰ ہی نہیں

میں شاعرِ مشرق حضرت علامہ محمد اقبالؒ سے بے حد متاثر تو ہوں لیکن سوال یہ ہے کہ اقبال کے شاہین آخر کب جاگیں گے؟

ساتواں سوال

کبھی کبھی میں سوچتا ہوں کہ روز مرہ کے کام یہاں تک کہ سانس لینا بھی کتنی بڑی نعمتوں میں شمار ہوتا ہے لیکن سوال یہ کہ معاشرے میں ہم اتنے کیوں انتہا پسند جانے جا رہے ہیں، کیا ہمارا دین اسلام ہمیں یہ سکھاتا ہے کہ عبادت کے لئے زبردستی کی جائے؟ یا یہ سکھاتا ہے کہ شہادت کے لئے تشدد ہو۔ ہرگز نہیں لیکن پھر ذہن میں یہ بھی خیال آتا ہے کہ اگر ہم دینی تعلیم کے مطابق اپنے اخلاقیات، اصول اور عبادت میں اضافہ کریں تو یقیناً زور زبردستی کی گنجائش نہ کہ کم بلکہ نہ ہو گی۔

یا تو والدین کی تربیت میں کوئی غلطی ہے یا تو پھر ہم خود بُرے ہیں؟

آٹھواں سوال

میں سوچتا ہوں کہ لوگوں نے دین کو غلط سمجھ لیا ہے ۔اکثر سُنا جاتا ہے کہ اگر نصیب میں رزق ہے تو محنت کیوں؟ جب کہ یہ ایک سُستی کا بہانہ ہے جو کہ بدقسمتی سے نوجوان نسل کو غفلت میں ڈال رہا ہے جب کہ اللہ تعالیٰ واضح طور پر فرماتے ہیں:

وَ اَنْ لَّیْسَ لِلْاِنْسَانِ اِلَّا مَا سَعٰی (۳۹)

ترجمہ: اور یہ کہ انسان کے لئے وہی ہوگا جس کی اس نے کوشش کی

نواں سوال

زندگی کیا کچھ نہیں سکھاتی درد دیتی ہے تو بدلے میں مرہم بھی دیتی ہے، تکلیف دیتی ہے تو سکون کا احساس بھی دلاتی ہے، وقت غمِ ماضی کو یوں مٹاتا ہے کہ جیسے وہ غم تھے ہی نہیں، مجھے اقبال کا تحریر کردہ دیارِ عشق بہت پسند ہے جب بھی پڑھوں، سنوں بہت کچھ سیکھنے کو ملتا ہے، لگتا ہے دیارِ عشق میں کھو گیا ہوں ۔ پر پھر بھی یہ ایک آرزو کی طرح ہے دیارِ عشق کو سمجھ تو لیتا ہوں لیکن سوال یہ ہے کہ علامہ اقبال نے اسے جس قوم و ملک کے لئے تصور سے تحریر کیا وہ اسے پڑھ تو لیتے ہیں پر اس پر عمل کیوں نہیں کرتے؟ لیکن پھر یہ بھی سوال ہے کہ یہ سوال میں خود سے پوچھتا ہوں یا پھر اپنی ملک و قوم سے؟ دُعا یہ ہے کہ اللہ تعالیٰ ہم سب کو ہدایت دے اور مقصدِ اقبال کو سمجھنے کی توفیق عطاء فرمائے ۔ آمین!

دسواں سوال

میں اکثر خود سے ایک سوال پوچھتا ہوں جس کے جواب کی تلاش مجھے ذہنی طور پر پریشان کر رہی تھی سوال یہ ہے کہ اگر لوح وقلم میں سب کچھ لکھ دیا گیا ہے تو ہمارے عمل سے کیا فرق پڑتا ہے؟اور پھر یہ بھی سُنا تھا کہ اللہ تعالیٰ حقیقت سے نہیں ٹکراتے یعنی ہمارے اعمال اتنے نیک نہیں کہ ہم پہ معجزے ہوں۔لیکن پھر اقبال کا ایک شعر ہے کہ

عمل سے زندگی بنتی ہے جنت بھی، جہنم بھی
یہ خاکی اپنی فطرت میں نہ نوری ہے نہ ناری ہے

اس شعر سے یہ ظاہر ہوتا ہے کہ عمل بہت ضروری ہے لیکن آج اس سوال کا جواب دینے کے لئے ایک شخص کی مثال استعمال کروں گا وہ ہر روز اپنے کم عمر بچے کو سیڑھیوں سے نیچے اترتا دیکھتا تھا مگر اسے کبھی روکتا نہیں یہ جانتے ہوئے بھی کہ وہ گر سکتا ہے اور اسے چوٹ لگ سکتی ہے، ایسے ہی اللہ تعالیٰ کو سب معلوم ہے وہ علیم ہے بیشک وہ ہمارے اعمال کے بارے میں سب جانتا ہے۔ وہ جانتا ہے کہ ہم کیا کریں گے اور کب کیا ہوگا لیکن وہ ہمیں روکتا نہیں کیونکہ قرآن پاک میں وہ فرماتا ہے جس کا مفہوم ہے کہ ہم تمھیں امتحانات سے گزاریں گے۔

وَلَنَبۡلُوَنَّكُم بِشَيۡءٖ مِّنَ ٱلۡخَوۡفِ وَٱلۡجُوعِ وَ نَقۡصٖ مِّنَ
ٱلۡأَمۡوَٰلِ وَٱلۡأَنفُسِ وَٱلثَّمَرَٰتِۗ وَ بَشِّرِ ٱلصَّٰبِرِينَO

ترجمہ: اور ہم تمھیں لازماً آزمائیں گے کسی قدر خوف اور بھوک سے اور مالوں اور جانوں اور ثمرات کے نقصان سے اور (اے نبی بشارت دیجئے ان صبر کرنے والوں کو)

(القرآن ۲۔ ۱۵۵)

اور پھر ایک آیت کا مفہوم ہے کہ ہم تم پر اتنا ہی بوجھ ڈالیں گے کہ جتنی تمھاری قوتِ برداشت

لَا يُكَلِّفُ ٱللَّهُ نَفۡسًا إِلَّا وُسۡعَهَا ط

ترجمہ: اللہ تعالیٰ کسی جان کو اُس کی طاقت سے بڑھ کر تکلیف نہیں دیتا۔

اُس نے جو نیکی کمائی اس کے لئے اس کا اجر ہے اور اس نے جو گناہ کمایا اس پر اس کا عذاب ہے اے ہمارے رب اگر ہم بھول جائیں یا خطاء کر بیٹھیں تو ہماری گرفت نہ فرما اے ہمارے پروردگار اور ہم پر اتنا بوجھ (بھی) نہ ڈال جسے اٹھانے کی ہم میں طاقت نہیں اور ہمارے (گناہوں) سے درگزر فرما، اور ہمیں بخش دے اور ہم پر رحم فرما تُو ہی ہمارا کارساز ہے، پس ہمیں کافروں کی قوم پر غلبہ عطا فرما۔ (القرآن ۲۔۲۸۶)

بیشک وہ سمیع و علیم ہے۔

گہرے خیالات

اب سوچتا ہوں کتنا سادہ تھا
وقت نے بدل دیا مجھے
حیرت ہے کہ الزام وقت پر ہے
یہ لوگ تھے جو منافقت سکھا گئے
اے خالق تو نے تو اک چہرہ بنایا تھا
پر لوگوں نے دُور کر دیئے
نہیں سوچا تھا اتنی آسانی سے بدلوں گا
سب آگ کی طرح تھے
جو مجھے پگھلا گئے

لُغت سے لا محدود زبانیں ہو چکی ہیں
افسوس کی بات ہے، مگر سچ ہے
نظریں افواہوں تک محدود ہو چکی ہیں
افسوس کی بات ہے، مگر سچ ہے
سوچتا ہوں پیسہ، پیشہ کیوں بنا؟
افسوس کی بات ہے، مگر سچ ہے
دِل کہہ رہا ہے، انصاف کے لئے لڑ پڑو
مگر حکمِ امن ہے اور یہ سچ ہے

نہ کر گِلہ بندہ خدا سے

خدا اُس کا بھی ہے صرف تیرا نہیں

وہ کہتا تو میں مان لیتا

پر اس نے مجھ پر خاموشی کو چُنا

اِس سے بڑھ کر اور کیا گِلہ

اُس نے مجھ کو بہت دُوری سے چُنا

رب العزت سے دعا گو رہتا ہوں کہ ہمارے درمیان امن قائم رکھ اور ہمیں ویسے ہی مضبوط رکھ جیسے ایک ڈوری تسبیح کے دانوں کو اور میں جانتا ہوں کہ میرا مالک میری کیا ،کسی کی دُعا کو رد نہیں کرتا بیشک وہ کسی کے الفاظ کو سننے اور اس کا مان رکھنے والا ہے ،وہ قادر ہے وہ رازق ہے، بیشک وہ ہی عظیم و بلند ہے اُس کے کرم کے محتاج تو ہم سب ہیں لیکن وہ نیکیاں یا برائیاں دیکھ کر نہیں دیتا۔

میں آپ کو ایک مثال دیتا ہوں سوچیں کہ آپ کسی گمنام جگہ پر گئے ہیں یا پھر آپ نے کسی فلم، ڈرامے یا پھر کسی ٹی وی ایڈ میں دیکھا ہو کہ آج سے کئی کیا کچھ برس پہلے ایک کچی آبادی میں ایک بچہ ایک چھڑی سے ٹائر کو گھماتا ہوا جا رہا ہوتا ہے۔ وہ بچہ کہاں جا رہا ہوتا ہے، اس کا ذہنی مؤقف کیا ہوتا ہے؟ اس بات سے ہمارا کوئی تعلق نہیں......

بلکہ ایک بات مجھے اس کی طرف متوجہ کرتی ہے کہ جب لوگ نصیب کی بات کرتے ہیں میرا کہنا ہے کہ نصیب کے ساتھ عمل بھی بہت ضروری ہے اگر نصیب ہی سب کچھ ہوتا میری نگاہ وہاں جانے سے پہلے ہی وہ ٹائر گھومنے لگتا جیسے کہ میرے نصیب میں تھا مگر وہ ٹائر تب تک نہیں ملے گا جب تک اسے ہلایا نہ جائے، میری اس مثال کے پیچھے نہ وہ ٹائر ضروری ہے اور نہ یہ واقعہ بلکہ میں یہ کہنا چاہتا ہوں کہ نصیب کے ساتھ ساتھ عمل بے حد ضروری ہے۔

اگر کسی کے کان پکڑنے سے ہوتی توبہ
تو شاید ہی کوئی انسان گنہگار ہوتا

I Remember few years back I was watching a movie In which the character said:
"Yesterday is history, Tomorrow is mystery
Today is a gift from GOD that's why we call it present"
I felt that,
I thought that knowledge remain around us.
No matter where we are. What we watching,
What we reading and what we doing..... I was surprised to know that knowledge remains in our barrier whether
we find it in movies or in real life. I may not walk but I keep thanking GOD for hearing, Seeing and talking but what
keep me sad is when I see people who are sad even when they can walk too. Having disability is difficult, I know. But I learnt
that Disability is Ability and that's what Motivate me to inspire
others. May Allah almighty help us all. Ameen

ہے دم تو بول پڑو
جذبہ ایمانی سے کچھ کہو
مت ڈرو خوفِ بشر سے
اب خاموشی کو توڑ دو
یہ ڈر یہ خوف یہ ہچکچاہٹ
یہ مطلب یہ دولت یہ انعام و اکرام میں مت جیو
کچھ کرو کہ جناح بھی تمھیں داد دیں
کچھ ایسا جو اقبال کا آئین ہو
کچھ ایسا کرو کہ سچائی تمھارا نام ہو
تاریخ میں تمھارا نام ثانی اور تمھارا کام اوّل لکھا جائے
یہ خواب نہیں بلکہ تعبیر دیکھی جائے
اس قوم و وطن کی خاطر اپنی جان کا نذرانہ پیش کرنے والے شہداء کو میرا سلام
اللہ ہمیں بھی اُن جیسا عظیم بنائے اور رُتبہٗ شہادت ہمارے نصیب میں ہو

شاعری

نور ہے میرا تخلص مگر
لوگ کہتے ہیں دیوانہ لگتا ہے

چلتا نہیں، تو کیا ہے غم
سوچ دیکھو تو افسانہ لگتا ہے

اُس کو اپنا سمجھ بیٹھا تھا
بس اک یہی خطا کر بیٹھا تھا

اُس کو دیکھا تھا آئینے میں
غم، کہ عقل کھو بیٹھا تھا

پروردگار نے کہا مجھے اشرف المخلوقات
پر نصیب میں یہ خطا لکھوا بیٹھا تھا

نہیں تھا کسی کا زورِ بازو مجھے
پھر بھی الزام تقدیر کو دے بیٹھا تھا

آخر کب تک لکھے گا تُو نور
زمانہ تجھ سے انجان ہو بیٹھا تھا

ہم جو تیری شمع کے پروانے ہوئے
اپنے ہی گھر لوٹے تو بیگانے ہوئے

خزاں ہو کہ ہو گلشن آباد
تجھے دیکھ کے، سب دیوانے ہوئے

کاش تم اِسی بات کا بھرم رکھ لیتے
کہ ہم ہر جانب گئے، اور در بدر ہوئے

زمانے میں ایسا کیا رکھا ہے
جو تُو نے مجھے بھلا رکھا ہے

اُس کی چال سے متاثر نہ ہو
اُس نے کھو جانے کے لئے تنہا رکھا ہے

اب کہنے کو نہیں رہا کچھ
ورنہ روگِ ماضی میں بہت کچھ رکھا ہے

میں اجنبی ہوں، تُو مجھے کچھ بنا مالک
میں گمراہ ہوں، تُو راستہ بتا مالک

میں پُر خطا ہوں تُو رحیم مالک
میں اندھا ہوں تُو روشنی مالک

دِل بہرا ہے تُو آواز مالک
کھو چکا ہوں راستہ بتا مالک

التجا ہے تجھ سے اب، کہ اپنا بنا مالک

دیوانہ بنا بیٹھا ہوں، تُو بُلا لے
جن کے لئے بیٹھا ہوں، وہ بُلا لے

میں نیت کر بیٹھا ہوں، سجدہ کرا دے
میں راہی بنا بیٹھا ہوں، تُو منزل ملا دے

میرے دِل سے مِٹا سیاہی
میرے دِل کو تُو ضیاء دے

میں شوق کا پروانہ ہوں
تُو میرے دِل کو شمع بنا دے

بہت سے دِل ٹوٹتے دیکھے ہیں
بہت سی آنکھیں نم دیکھی ہیں

میں مسافر ہوں راہِ فراق کا
بہت سے وصل ہوتے دیکھے ہیں

اب نہیں راہ کوئی، اب نہیں جنونِ محبت
نہ اب کسی سے واسطہ، نہ شکایت

نور اب میں خود کو خودی میں اُلجھتا دیکھتا ہوں
تنہائی ہے یا اُداسی، خیال ہے یا خواب

یہ جو نمی بسی ہے تیری آنکھوں میں
جانے کس نے تجھے درد دیا ہے

کون ہے وہ شخص لاپتہ
بارش کی بوندوں کی مانند

یہ مت سمجھو کہ مجھے نہیں پتہ
مجھے پتا ہے، پر ظاہر نہیں کرتا

یہ درد جو سینے میں چھپایا ہے
یہ لب جو اب کچھ کہہ نہیں پاتے

روتا ہوں، پر دِل سے
اب میری آنکھیں نم نہیں ہوتیں

کسی درد سے واقف ہونا
کہیں خوشی سے گزر جانا

بہت غم دیتا ہے صاحب
کسی کا ساتھ چھوٹ جانا

میری صلاحیتوں سے واقف ہو تُم
نا جانے کس خوشی سے قاصر ہو تُم

کہ مجھ کو اپنا بنائے بیٹھے ہو
نا جانے کس محفل کے قابل ہو تُم

اُس کے چاہنے سے جیسے وہ عیاں ہوتا
رات کی تاریکی میں وہ بیاں ہوتا

برستا جیسے وہ بارش ہو
تھم جاتا جیسے وہ قاتل ہو

اُس کی نگاہیں کوئی نہ دیکھے
وہ الگ بات ہے کہ اُن میں داستاں ہوتی

سمجھ لیتے سب اسے ہمدرد میرا
ہوش آئے کہ وہ خیال ہوتا

سوچا تھا اُس سے ملوں گا پر فُرصت نہ ملی
تھی وہ بہت دُور کہ تمنّا ہی ملی

ہو گی بات کوئی اُس کے متعلق
یقیں تھا یہ پر قسمت نہ ملی

اُس کے چاہنے والے ہزاروں تھے
پر ہم جیسوں کی کمی نہ تھی

وہ چاہتے تو ہمیں بھول بھی سکتے تھے
پر غم کہ ان کی راہوں میں ہم مکیں تھے

اُن کی آرزو کہ کریں وہ ہمارا دیدار
پر شکایت کہ ایسا ممکن ہی نہیں

زمین و آسمان پہ سب کو دیکھا
چاند ستاروں کو جس نے کٹتے دیکھا

مانا گنہگار ہوں بہت مگر
میں بھی بخشا گیا گر اُن ﷺ کو دیکھا

دیکھے بہت اپنے جیسے مگر
کوئی بھی خیالِ تجسس میں آپ ﷺ سا نہ دیکھا

جہیڑا آکھدا تُو نئیں بچنا
اونوں دسو ذات رب دی

جا ویکھ طبیب خانے وچ
کون کہندا تُو نئیں بچنا

اونوں دسو ایمان اے میرا
اونوں دسو میں صابر آں

جے آ جاوے عزرائیل
تے اونوں دسو میں اُمت آخرت آں

رب نوں آکھاں ایمان اے میرا
باقی انصاف اے تیرا

جے میں کیتی ہوئی غلطی کوئی
تے تُو جاننا ایں کہ انسان آں میں تیرا

باعقل ہوں، جو اپنی حرکتوں پہ رویا ہوں
ساری دُنیا چھوڑ کے نور، اپنے نفس پہ رویا ہوں

ہر شخص ہمزاد نہیں ہوتا نور
کچھ، وفا کے بول کانٹوں میں رکھتے ہیں

اب بھی رات کا لکھاری ہوں
لگتا ہے بہت دیر سے طاری ہوں

کہیں کھو نہ جاؤں ان راہوں میں
یہ میں کیسا آہ زاری ہوں

کہیں دُور جاؤں، کہیں کھو جاؤں
کہیں مِٹ جاؤں یا پسپا ہو جاؤں

کبھی شکایت تو کبھی صبر کروں
کہیں ویرانے میں شور، کہیں تنہائی میں کھو جاؤں

کہیں لُطف تو کہیں سوگ مناؤں
کبھی دیکھوں منزلوں پہ چڑھتے لوگ

اور کہیں راہ میں لا پتا ہو جاؤں
کبھی خود کو اس اندھیرے میں پاؤں

اور کبھی ضیاء طاری ہو جاؤں
کبھی ہوش کھو بیٹھوں تو کبھی ماہرِ نفسیات ہو جاؤں

ہم نے دِل رکھے ہیں بہت
بِن دیکھے کہ ان میں رکھا کیا ہے

ٹوٹ جاتے ہیں فقط پر روتے نہیں
یہی تو بات ہے کہ ہم نے اُنہیں رکھا ہے

سُناتے وہ داستاں مگر
افسوس کہ ہم سامعین تھے

خاموشی نے مجھے جوڑ دیا
اندر سے جیسے توڑ دیا

پہلے چلتا تھا بلندی پر
اب کسی نے پیروں تلے روند دیا

آگے دیکھوں تو ڈر جاؤں
پیچھے سایہ بھیانک ہے

یاد دلاتی ہے کتاب اعلیٰ مجھے

اِنَّ اللّٰہَ مَعَ الصَّابِرِیْنَ

مت کہہ خاک سے کہ مجھ کو دفن کر
مت کہہ دریا سے مجھ کو غرق کر

کہا حرام اُس نے مایوسی کو
پر ہزار بار اُس نے آزمایا تجھ کو

نہ سوچ نجات موت اس نعمت میں
یہ راہِ صبر ہے پروانہ نہیں جو جل جائے

یہی تو بات ہے کہ ہنستا رہتا ہوں
دُعا ہے کہ اُن کی نظر نہ لگ جائے

وہ ہنس کے ہمیں یوں دیکھیں
ارے، دُعا کرو ہم کہیں مر نہ جائے

غمِ ماضی کو بہت رویا ہوں میں
پر جب آنکھ کھلی تو غمِ حال میں رویا

مت رو ساقی اب تو جام بھی خالی ہے
پہلے روتا تو تسلّی ہوتی اب تو دل بھی خالی ہے

ہو کہ تُو خاص حیثیت
نہ کہ لباسِ شخصیت

وہ جو تکتے تھے راہیں محبت کی
آج وہ دل فروش بھی خفا ہیں شاید

بول نہ سکا، بس سنتا رہا
یہ تب جب پاسِ وفا نہ رہا

تنہائیاں شور مچانے لگیں
جب وہ پنچھی اُڑا اور پاس نہ رہا

رہا وہ صحراء کے بیچ
وہ مچھیرا تھا، یہ اُسے یاد نہ رہا

پہلی نظر سے جان لیتا ہوں
میں اُن کو پہچان لیتا ہوں

وہ در سے پار ہوتے ہیں
کہ میں در ہی چھوڑ دیتا ہوں

وہ اپنی دُھن میں پیتے ہیں
میں نظریں جھکا لیتا ہوں

ہوں کہ اُن کے وعدوں کا قیدی
کہ ہر پل لفظِ مغرور کہتا ہوں

لوگ کہتے ہیں وہ نہیں ملا
بہت دن ہوئے، میں خود سے نہیں ملا

ڈوب رہا تھا وہ اپنے ہی شہر میں نور
اسے کنارا ملا پر تُو نہ ملا

دیکھ رہا تھا پاؤں کو کل شب
وہاں کانٹوں کے سوا کچھ نہیں ملا

میں کس طرح محشر کی فکر کروں
میں تو ابھی اپنے خالق سے نہیں ملا

ماں تھی جو ہمارے جاگتے

سویا نہیں کرتی تھی

اپنی تکلیفیں چھپا کر

میری ماں رویا نہیں کرتی تھی

ماں خود کو نظر آتش بھی کر لیتی

پر اولاد کو دھوپ میں نہ جانے دیتی تھی

ایک ماں تھی جو سب کا خیال کرتی تھی

کیسے کرے گا اعترافِ جُرم تُو
جب ہو گا دفن تیرا مردہ دِل

نہ ہی زمیں والے ہیں ایک جیسے
ہم نے دیکھے ہیں مسجدوں سے نکلتے بہت

مجھے نہیں آرزو کسی خواب کی
مجھے امید ہے کہ نیند آئے گی

کبھی ہو ذکرِ وفا تو بتانا انہیں
میں تو ہوں، پر مجھ سا کوئی نہیں

جس سے چاند کی برابری کرتا تھا میں
وہ شخص ایک ستارہ ہوا

اک شب اس کی جھلک دیکھی میں نے
پھر وہ شخص نہ جانے کِس راہ کا مسافر ہوا

وہ شخص کبھی بد دُعا نہیں دیتا
اب وہ کسی سے وعدہ نہیں لیتا

کر لو اس سے یک طرفہ محبت تم نور
وہ خفا اب کسی کو ہاں نہیں کہتا

میں اس کو تنہا چھوڑ چکا ہوں
میں خود سے دور ہو چکا ہوں

بارش کی طلب ہے مجھے شاید
اس لئے میں پیاسا رہا ہوں

کیسے کہوں میں تھک گیا ہوں اس سفر میں
میں صدیوں مسافت میں رہا ہوں

گزرے دِن لوٹ کے نہیں آتے
اپنے بچھڑے خواب میں ہر شب نہیں آتے

لگتی ہے سرد موسم کی دھوپ بھی تپش کی مانند
ہنسی مزاح، نور اب وہ قہقہے نہیں آتے

چاہتا وہ لب کُشائی کرے
چاہے تو میری برائی کرے

مجھے سکون ہے کہ اس سے بات نہیں کرتا
وہ مجھے مار دیتا ہے جیتے جیتے

اب نہیں ہے اُس سے وفا کی امید
وہ جسے دیکھے اپنا بنا لیتا ہے

یہ کیا بات ہے اُس کی کہ وہ
محبت کر کے باغی بنا دیتا ہے

جسے چاہے الزام ٹھہرائے وہ
اس کی عادت وہ انجام سے نہیں ڈرتا ہے

نظریں گِرا لیا کرتے تھے
جب ہم اس سے ملا کرتے تھے

کیا دورِ حیا تھا تب کہ
ہم خود سے گفتگو کرتے تھے

تُو ہے تو تیری خبر ہے
ہم ہیں جو اگر تُو ہے

تجھ ہی سے ہیں مجھے نیندیں میسر
تُو ہی میرا سکون ہے

نگاہیں ہیں تیری جانب اور عبادت خدا کی کرتا ہوں
اے دلِ ناداں تُو ہی بتا کیا میں منافقت کرتا ہوں؟

تجھے معلوم ہے کل کیا ہو گا؟
تیری تو عید گزرے گی، میرا کیا ہو گا؟

ہو گا ستاروں سے آسمان الگ
کبھی سوچا ہے فرشتوں کا کیا ہو گا؟

تُو بھی روئے گا ایک دن میرے قاتل
اور زمانہ پوچھے گا اب کیا ہو گا؟

چار دن غرور کیا میرے سر کو پہنچا
معلوم نہیں ہے کہ کس حال کو میں پہنچا

یہ افسردگی میرے خیالات میں شامل کب ہوئی؟
تُو رہے گا یا نہیں یہ بات کب ہوئی؟

ہاں، اک روز تجھے جاتے دیکھا تو تھا میں نے
پر مجھے بتا یہ خواب کی تعبیر کب ہوئی؟

پتا نہیں ہے تیرا اُس کے پاس
پھر بھی لکھ رہا ہے خط، تیرے نام

کہہ رہا ہے، نہیں ہے تجھ سے گفتگو اب
نہ ہے تیری بُو، نہ تیرا حُسن و جمال

رہی ہے پاس تو اِک تیری جستجو
نہ رہا ہے اُسے کسی اور کا خیال

وہ ''جون'' جسے لوگ کہتے تھے
تُو مرے گا تو ہم بھی مر جائیں گے

سنتا ہوں تیری باتیں، اور کچھ کہتا نہیں
کہیں تُو یہ نہ سمجھے، مجھے تیری فِکر نہیں

نہیں ہے اُس کے جانے کا درد اُسے
ورنہ وہ کہتا ، اُس نے وفا کی تھی

میں ذکرِ شاہِ نجف کیسے کروں؟
میں اُن کے در کا فقیر ہوں کیا کروں؟

اِک تبسم چہرے پہ جو چھائی ہے
لگتا ہے تو بہت دیر سے آئی ہے

طاری ہے مجھ جیسے سیاہ بادل پہ تُو
جھلک تیری جیسے موت سی آئی ہے

کیسے کہو گے، کہ یہ بات کیسے ہوئی؟
کب ہوئی، کیوں ہوئی اور کِس سے ہوئی؟

سوالِ عرض آرزو کیسے ہو گا؟
جو مجھ سے دُور ہے، وہ روبرو کیسے ہو گا؟

کوئی کہہ رہا ہے ، خزاں میں جیسے بہار آئی ہے
لگتا ہے کئی دنوں بعد، اِس شہر میں تُو آئی ہے

لگتا ہے اِس شہر میں تیرا سایہ ہے
میں جہاں بھی گیا، بس وہاں تجھے پایا ہے

لوگوں سے سامنا کیسے ہو گا
جب تیرا محفل میں ذکر ہو گا

بجائے اس کے کہ تیرا نام لوں
تجھے ہی چھوڑ دیا ہے، اپنے خیالوں میں

میرا درد ، تیرے درد میں اب شامل نہیں
جو مِل گیا ، میں نے سمجھا وہ کسی قابل نہیں

خیالوں کو لفظوں میں تبدیل کرتا ہوں
لوگ شاعر کہتے ہیں ، میں فقیر لگتا ہوں

میں بھی کچھ کر دوں ، کوئی کام کر لوں
کیوں نا آج کی شام تمھارے نام کر دوں

کاٹ رہا ہے فصل ، زندگی کے سوالوں میں
کٹ رہی ہے عُمر تیرے جوابوں میں

ڈھونڈتا رہا تھا تجھے ، وہ اپنے خوابوں میں مگر
مِل گیا تھا تُو، اُسے لفظی حوالوں میں

اُس کے جانے پہ شور کیوں مچاتے ہو
دُھند ہے مگر پھر بھی جہاز اُڑاتے ہو

یہ کشتیاں ، یہ لوگ ، سب ڈوب جائیں گے
طوفان آ رہا ہے تم کدھر جاتے ہو

ایک کھیل میں روز کھیلا کرتا تھا
راستوں ، افسانوں میں ، مے کشی کے داموں میں

ساغروں اور جاموں میں ، انسانوں کے ناموں میں
ایک کھیل میں روز کھیلا کرتا تھا کہاوتوں ، سوالوں میں

تُو جھوٹ بول ، میں تیرے کہے کو سچ سمجھوں گا
تُو بات غلط بھی کر ، میں تجھے صحیح سمجھوں گا

نہ رہے گی شکایت ، نہ رہے کوئی آرزو
تُو دور چلا جا ، میں تجھے کچھ نہ کہوں گا

مجھے اس کے جانے کا دُکھ نہیں
جو ہے وہ اُس کے بارے میں نہیں

یہ لوگ تیری کہانی کا مجھے پوچھتے ہیں
یہ کہانی تیری ہے ، میری تو نہیں

کب تک دکھائے گا اُس کے جانے کا ماتم
میرے دوست مجھے اب اس قید سے رہائی چاہیے

کاٹی ہے زندگی ہر پل امتحان میں
پُوچھوں گا کل اُس سے کیوں میری صفائی چاہیے

رات تھی یا دن تھا
تُو اک ستارا بے نام تھا

تھی صبح یا شام تھی
تُو اک کنارا بے حال تھا

اندھیروں میں روشنی
جیسے تُو اک چراغ تھا

تُو ہو تو تجھے عالم دیکھے
تُو اک راز تھا یا پیغام تھا

خوشبو جس کی جہاں میں ہو
وہ انسان تھا یا گُلاب تھا

تم آؤ گے ، تو ستارے بچھا دیں گے
ایک نا سہی ، سارے کے سارے بچھا دیں گے

کیا کریں گے ، جب کرے گا چاند تجھ سے حسد
ہم اسے تب ، ستاروں سے ملوا دیں گے

مجھ پہ کتنے ظلم ڈھاؤ گے
یہ داستان کس کو سناؤ گے

کہتے ہو وہ چلا گیا
تم بھی روتے ہوئے جاؤ گے

دل نکتۂ نظر کیا ہے اور کوئی غم نہیں
جس کی طرف اِسے کیا ہے ، کیا پتا اسے خبر نہیں

تیرے بعد کئی آئینے دیکھوں گا
پر تجھ سا نا کوئی میں دیکھوں گا

رد و بدل ہو گا میری سیاہی میں
جب تیرا نام اپنی قلم سے لکھوں گا

کِس سے کہے گا تُو نے وفا کی تھی
جب زمانہ تیرا عکس دیکھے گا

اب میرا تجھ سے کوئی سوال نہیں بنتا

سو آج کیوں نا ، میں لفظِ تحریر کو نذرِ آب کر دوں

کہیں گے ، تجھے چھوڑ دیا ہے اُس نے
کیسے بتاؤں کہ تب بھی ، تُو میرے ہمراہ ہو گا

ذہن نشین کیا ہے وعدہ ؟ وصل مگر
کیسے بتاؤں کہ تُو ، سب بھول گیا ہو گا

دیکھتا تجھے یا پھر مُڑ جاتا
یہ رنج تجھے دیتا یا مر جاتا

نظریں حیا سے بھی جھکائی جاتی ہیں
ضروری نہیں کہ یہ صرف آغازِ عشق ہو

وہ ہمیں کُھلے میدانوں میں ملتے ہیں
یا شاید کبھی خوابوں میں ملتے ہیں

تیری تصویر دیکھ کے لوگ کہتے تھے
تُو مر گیا ہے پر ہم نے تجھے مارا نہیں

کیا قفس ہے ہمارے درمیان کوئی
جو ہوئے نہ تم ہم سے ہم کلام یونہی

جانتا ہوں ، وہ نہیں ہے
یہ محض خیالِ تجسس ہے

جسے بھول گیا ہوں

وہ اب بھی مخاطب ہے

تم اب پڑھ رہے ہو
تمھیں کب کا بھیجا ہے

دیکھ کے خط کہتے ہو ، مصروف ہوں
جانتا ہوں ، بہانہ اچھا ہے